TH. G.

LETTRE

A LA

PRÉSIDENTE

(VOYAGE EN ITALIE)

1850

1

LETTRE A LA PRÉSIDENTE

TIRÉ A TRÈS PETIT NOMBRE

pour quelques curieux

Sur papier Impérial du Japon

THÉOPHILE G . . . . . .

LETTRE
A LA
PRÉSIDENTE

(VOYAGE EN ITALIE)

1850

Rome, ce 19 Octobre 1850

Présidente de mon cœur,

Cette lettre ordurière destinée à remplacer les saloperies dominicales s'est bien fait attendre, mais c'est la faute de l'ordure et non celle de l'auteur. La pudicité règne en ces lieux solennels mais antiques, et j'ai le grand regret de ne pouvoir vous envoyer que des cochonneries breneuses et peu spermatiques. Je vais procéder par ordre de route : A Genève le gouvernement vous recommande à la porte de la ville de voir *ci derrière*, ce qui est beaucoup dans une ville protestante, ou, pour humilier les catholiques, et leur montrer qu'ils ne sont que des païens sensuels, les femmes se rabotent le cul et les tétons avec la varlope de la modestie, selon la méthode américaine.

Nous avons fait tous nos efforts pour voir ces douze fesses prescrites par l'autorité, et nous n'en avons vu que quatre sur la corde raide, séparées par un périné plafonnant, et formant, sous la jupe de deux jeunes saltimbanques allemandes, deux culs rebondis qui ne devaient pas être désagréables dans le tête à tête. Ne sachant pas l'allemand il nous a été impossible de prendre langue avec ces derrières dont l'un était digne de la Mignon de Gœthe, parce qu'il ne l'était pas mignon.

Oh! que volontiers, céleste cul qui m'apparut entre quatre chandelles, j'aurai déployé en ta faveur une des quatorze redingotes objet de l'inquiétude de Louis qui les change de place à chaque instant. La nuit suivante Don Jacquemart de Bandeliroide, préoccupé de ce cul blanc voltigeant sur le bleu du ciel, me fit rêver que j'étais Brindeau du théâtre Français, et qu'avec l'habileté au bilboquet qui caractérise ce pédéraste grassouillet, je recevais sur une pine en buis la petite danseuse attachée par la ceinture à une ficelle. La fausse-couche marécageuse et géographique qui devait résulter de ces fantasmagories nocturnes n'eut pas lieu parce que le villebrequin d'amour me terebrait le nombril avec tant de force que l'angoisse m'éveilla, mon rêve m'ayant transformé en planche à bouteilles sur l'établi d'un menuisier. Louis plaqua lâchement un foutre épais et jaune, et la chambrière en faisant son lit aura pu découvrir l'Amérique dans ses draps. Voilà pour Genève, la patrie de M. Crepin et de M. Jabot, dont le gouvernement emprunte le style. Du reste pas un vit sur les murs, ils sont sans doute dans les cons des femmes, si l'on peut appeler con cette machine à faire des horlogers que les protestantes de Genève trimballent entre leurs cuisses décharnées sous un maigre bouquet de poils à qui les fleurs blanches font faire pinceau.

Dans le Valais nous avons rencontré ma chimère, c'est-à-dire la femme à trois tétons ; mais le troisième était un goître et c'était le seul dur Je n'ai pas été tenté de demander à cette Isis suisse si elle avait le con en travers, fantaisie chinoise qui m'affriole. Dans l'auberge du Simplon, dont le papier représente les Anglais en Chine comme un roman de Méry, un parapilla ailé et monstrueux s'introduit dans la bouche de lady Bentinck qui s'écrie « a very delicious ». Les canons sont transformés en membres qui déchargent, les roues forment les couilles, les canons la pine et la fumée simule la mousse éjaculatoire ; ces embellissements priapiques sont dus au crayon libidineux de jeunes rapins français.

A Domu d'Ossola, les lieux que quinze heures de route nous faisaient un devoir de visiter pieusement pour y déposer nos libations, présentaient un aspect enchanteur et féérique ; ils étaient peints à fresque et représentaient des bosquets de roses qui s'épanouissaient comme des trous de cul de blonde avec une touche de pourpre au milieu. Il est fort agréable de s'accroupir, ayant l'œil sur ces anus fleuris ou sur ces fleurs anales dépliant leurs pétales, les fronçures d'un sphincter prêt à boire une pine ou vomir un étron.

Une chose me jeta dans une grande perplexité, c'était une petite bouteille d'huile où trempait une plume, posée sur une planchette ; je demandais au garçon quel était l'usage de cette huile et de cette plume, il se troubla, rougit, balbutia et s'enfuit. Je pensai d'abord que son usage était de faciliter les opérations stercorales aux anus garnis d'hémorrhoïdes, qui voyagent sur des ronds Rattier et Guibal. Mais il paraît que cette huile servait à lubréfier le derrière de ce joli garçon fort recherché des anglais qui vont en Italie satisfaire leur goût de pédérastie, punie de la corde dans leur aimable île; attention touchante du gouvernement qui procure ainsi quelques vieux coups aux anglaises qui ne seraient jamais baisées sans cela. Figurez-vous O Présidente, dans cette latrine ornée de roses, lieu ordinaire des rendez-vous, un lord passant gravement la plume au cul de ce jeune fumiste, mal torché, mais étroit, Lord Brougham ou Lord Palmerston ou tout autre personnage vénérable, couleur de pralines, avec des favoris et des sourcils blancs.

Le soir on nous a donné un spectacle de marionnettes, l'homme et la femme, très jeunes tous deux et récemment mariés prêtaient leurs voix aux petits personnages. La femme armée d'un clitoris qui faisait relever sa jupe comme un bout d'épée ou une pine en érection, avait un organe trombonnant, un contralto poilu genre Crapobiska, dans le goût d'Ernesta et le mari une voix flutée genre Abeilard après l'opération, ce qui ne l'empêchait pas de foutre et de branler sa femme pendant les monologues des héros et des princesses en butte aux rigueurs du sort et de l'amour ; divertissement qui faisait trembler la toile, marquer les genoux de la femme au moment de la déclaration et traîner les jambes des marionnettes au moment de la pâmoison.

A Serto Calende, j'ai vu de pauvres poules si souvent cochées par des coqs trop nombreux qu'elles avaient le dos entièrement déplumé, jusqu'au croupion et allaient se mettre d'elles-mêmes à la broche pour échapper à ce martyr. Car O Présidente si tu étais seulement grimpée vingt-deux fois par minute et cela depuis trois heures du matin jusqu'à huit heures du soir, peut-être trouverais-tu que c'est de trop. Il est vrai que les femmes n'ont pas les mêmes idées que les poules, celles-ci portaient d'ailleurs une seule plume au cul pour la commodité des jeunes gitons d'auberge qui, lorsqu'ils voient une calèche anglaise vont la leur arracher et la trempent dans la petite bouteille d'huile attendant l'évènement.

A Milan nous avons eu ascension dans la flèche de la cathédrale, vit de neige qui défonce le ciel. Les murs de l'escalier sont historiés de recommandations de propreté les plus bizarres et les plus variées. L'italien est si naturellement porc qu'il se vide n'importe où, ce qui est cause que les vidangeurs meurent de faim dans ce pays qui donne la botte au cul de la Sicile.

J'ai recueilli quelques inscriptions :

Il faut garder pour la maison
Le superflu de la boisson.
Les gens qui sont de bonne race

Ont soin de pisser sur la place.
Si vous vous sentez quelque besoin,
Gardez-vous de salir ce coin.

Ce faible échantillon suffira à votre intelligence, il y a des pancartes équivalentes pendant la valeur de 512 marches au-dessus du niveau de la mer et non de la merde. Car on en trouve sur les flèches les plus aigues qui n'ont pas été pondues par des hirondelles mais bien par des hommes. *Evpinpoxozoi anspez* comme dit Aristophane dans sa grande dispute du juste et de l'injuste (ce grec si Fernand n'est pas là pour vous l'expliquer, ne veut rien dire de malhonnête, mais seulement hommes à vastes trous du cul, ne vous branlez pas l'imagination dessus). Dans ce même Milan à l'hôtel de la ville, dans les lieux qui perdent leur nom et s'appellent par un euphémisme de bon goût d'où l'on a fait jardiner pour chier, nous avons trouvé un sonnet déchiré en deux à la louange de l'incomparable Sofia Cruvelli, célèbre chanteuse parfaitement inconnue. Qui pouvait posséder assez d'exemplaires de cette précieuse poésie pour s'en torcheculatiser de la sorte, si ce n'est la Diva elle-même. Le sonnet était de la force d'une robe de chambre de papillotte, mais ce qui le rendait sans prix c'était une touche d'un roux doré très riche, très chaud rappelant les terres de Sienne, les momies et les bitumes les plus titianesques il n'y avait point de pepin de figue dedans, mais un poil d'un noir bleu, très dru, très crespelé qui fit délicieusement errer mon imagination érectile des hauteurs crépues de la motte jusqu'au soleil de poils épanoui autour de la rose mystique par les soupirs d'un ventre mélancolique. J'enviai le sort de ce papier qui avait traversé ce faune entre-fesson, frolé ce boyau culier, effleuré ces badigouinces couleur de chocolat et chatouillé ce clitoris au capuchon cuisse de créole et tout en allongeant mon prépuce comme un bout de savate je filai avec une glaire aussi limpide qu'un cheveu de cristal le quatrain suivant :

Heureux jardin qu'elle bêcha !
Heureuse pine qu'elle enfourcha !
Heureux papier qu'elle tacha !
Heureux sonnet qui la torcha !

A Milan, on se baigne avec les femmes dans des baignoires de marbre blanc ; nous avions les baignoires mais pas les femmes et nous nous sommes bornés à nous laver le gland dans le silence du cabinet de bain, sans avoir rendu ce soin de propreté nécessaire par aucune intromission suivie de bave et de fromage. Mais il paraît que les bains servent de maison de passe et qu'on y va casser une croûte de cul comme en France chez les restaurateurs. La baignoire sert à la fois de divan et de bidet et le membre joue en même temps le rôle de godemichet et celui de seringue à injections ; malheureusement le jet n'est pas continu. De Milan à Venise je n'ai rien de priapique à dire si ce n'est une atroce érection causée par la masturbation d'une voiture mal suspendue dont les coussins me branlaient l'entre-cuisse d'une façon dépravée. Figurez-vous un os à moëlle, une corne de cerf, tout ce que vous pourrez imaginer de plus dur. On eut dit un vit antediluvien pétrifié dans une grotte de stalactites. Un phallus de bronze tombé des aines du dieu de Lampsaque, un lingam indien voulant faire la conjonction mystérieuse avec l'Ioni sacré, un symbole générateur sorti du van symbolique des processions d'Eleusis, une colonne napoléonienne dressée sur la place Vendôme de mon pubis, un pupitre pour lire l'Evangile d'amour dans la messe de Venus. Oh qu'une main s'introduisant par l'interstice de ma culotte effondrée, et s'arrondissant autour de ce baton de chair comme un con idéal, m'eut été agréable dans cette dure situation ! comme une langue m'argentant d'une salive luxurieuse ce filet de prépuce qui est le clitoris de l'homme, m'eut fait lancer au plafond de la voiture un jet de purée spermatique ! Pourquoi un cul sphérique et blanc, entr'ouvrant ses cuisses rondes, élastiques et fraîches, n'a-t-il pas fait déboucher dans le centre de délices, dans le paradis vermeil, dans le casse-noisette d'amour, ce maître Jean Chouart, ce champignon de braguette, ce pilon du mortier de Cythère ! C'eut été un fier carillon de couilles et un rude brinballement de choses et d'autres.

Au bout de neuf lieues et après changements de postillon, pas dans le cul, je débandai et passai de midi à six heures sans l'aide de la fourchette de Saint-Carpion. Mon imagination calmée et débarrassée des fantaisies en forme de croupes et poils et cons qui me caracolaient dans la cervelle, revint au sentiment de la réalité, et je m'aperçus que je n'étais pas dans les nuages d'un ciel priapique mais bien dans un affreux tourbillon de poussière sur quoi je fis ce quatrain :

Filtrant son grès insaisissable
A travers nos cils chassieux
Le vent récure avec du sable
Les casseroles de nos yeux.

Voici nos aventures à Venise : En regardant des jaserons dans une boutique nous vîmes une jolie fille en chemise vêtue seulement d'un bout de châle dont la pointe lui baisait le cul, point de bas, des savates aux pieds, le téton au vent, un œil qui lui faisait sept fois le tour de la tête, une bouche qui semblait avoir trois rangées de dents comme chez les requins, et à la nuque, un chignon composé d'un tas de nattes comme une chaîne d'ancre sur le tillac d'un vaisseau à trois ponts. Elle s'engueulait avec le bijoutier à propos d'une bague en or creux de la valeur de trois ou quatre swanlsiks, l'appelant chien, fils de vache, excrément de putain, mouchard, galérien et allemand, la plus grande injure de toutes. Elle jurait et sacrait par le corps de Bacchus et le sang de Diane, enfin elle était en fureur et charmante. Nous lui achetâmes sa bague et je lui dit de venir à la maison, sous prétexte de portrait. Elle vint deux ou trois jours, et j'en fit un bout de pastel qu'elle emporta. La connaissance était faite, mais nous étions deux contre une, ce qui était presque aussi lâche que d'être cinq contre un comme chez la veuve Poignet. Nous tirâmes la jeune fille à pile ou face. Louis gagna et en conséquence fut heureux. Voir son bonheur ci-joint décrit par lui-même en style de dieu.

J'ajouterai seulement ce détail qui semble indiquer une virginité douteuse. A l'heure du berger, au moment suprême, quand le jeune couple s'apprêtait à trinquer du nombril, la jeune épouse se mouilla les doigts dans la bouche et se les passa dans la fente inférieure, pour lubréfier les grandes lèvres, savonner les nymphes, rendre glissantes les parois vermiculaires et faciliter l'entrée triomphante de la pine de mon ami. Je jouai dans cette scène amoroso-mélancolique le rôle de l'esclave cubiculaire de l'antiquité, tenant d'une main la chandelle, de l'autre ma queue.

Aussi la jeune enfant touchée de mon sort amena, à la seconde visite, une amie âgée de 18 ans « comme un vieil bœuf » blond rose, les traits réguliers, la physionomie douce et triste, assez jolie en somme sauf des dents désordonnées, trop anglaise pour une vénitienne qui était de Turin. Pendant que je jouai auprès d'elle le rôle de M. Grimpe-aux-Cuisses candidat politique, rival de M. Croque-ma-joue, c'est-à-dire pendant que mes mains doigtées en crabes et faisant pattes d'araignées se rendaient au café des deux colonnes au fond duquel se trouve l'estaminet du sapeur, cette beauté me raconta son histoire qui ne ressemblait pas à celle de Julie. Elle était danseuse figurante à la Penice, mais le bombardement avait fait fermer le théâtre, ne pouvant plus montrer son cul en public elle le montrait en particulier. Son con, assez petit, était fourré d'un poil court droit et serré comme du feutre ou le poil d'un col de chien. Je lui fit sortir ses tétons de son corset dont quelques lacets étaient desserrés, ils étaient gros, passablement fermes, très blancs veinés de bleu, avec un petit bout rose entouré d'une grande auréole couleur hortensia. Le lait qui les gonflait leur donnait un air de téton Rubens qui eut charmé Boissard et ne me déplaisait pas, j'ai oublié de dire que la pauvre créature était un peu enceinte, sous prétexte que l'armée autrichienne ne se retire jamais et que les hongrois ne sont pas hongres quoique selon Gérard il faille prononcer hongrais comme français. Quand je tripotais le cul de la respectable mère, le fœtus renfermé dans le petit ventre polivoforme de l'ex-danseuse, sachant ce que cela voulait dire et habitué à de pareils préludes, sautelait sous son enveloppe blanche comme un crapaud sous une serviette, et se rencognait au fond de la matrice pour éviter les coups de pine. De même un chat qu'on poursuit sous un lit avec un baton, se colle à la muraille et se pelotonne piteusement. La tête faisait une petite bosse dans le flanc maternel, je me demandais si je fourgonnerais ce fœtus injecté par une seringue autrichienne ; si j'avais été sûr que ce fut une fille, j'aurais assez volontiers cueilli ce pucelage dans le con de sa maman, mais j'eus peur, étant en Italie, que ce ne fut un petit pédéraste, un giton embryonnaire, un bardache précoce, un bougre anticipé qui me tendit le cul avant l'âge et me conduisit à son anus par le vagin maternel. Il faut dire aussi que les treize redingotes anglaises étaient dans la poche de Louis et la quatorzième à son membre impérial et triomphant. De vagues visions de capsules gélatineuses et de racines de fraisiers dansèrent devant mes yeux, et je mis délicatement dans la main de la jeune personne ce qu'elle croyait que j'allais lui mettre au cul.

Mon index, ou plutôt mon doigt annulaire convenablement salivé s'introduisit entre les babouines de sa nature, et quelques frictions voluptueuses sur les petites feuilles du clitoris développèrent bientôt cet intéressant organe.

Cette jeune élève de Terpsychore, aussi adroite de ses mains que de ses pieds, ramena avec un mouvement lent d'abord puis plus précipité, la peau de mon prépuce d'avant en arrière et d'arrière en avant sur un rhythme qui ressemblait à un air de Giselle, et cet exercice répété quelque temps amena chez elle une eau claire, une mousse limpide et blanche et chez moi un sperme épais, gluant, plein de grumeaux et qui avait l'air dans le creux de sa main d'un pot de gelée de Rouen renversé. A peu près sur ces entrefaites le gars Louis sortit de sa turne la mine satisfaite, la crête en l'air et l'œil émerillonné comme un coq qui descend d'une poule qu'il vient de cocher. La Vicenza (c'est le nom de sa beauté) faisait bouffer sa robe sur son cul de l'air le plus détaché du monde ; c'est ainsi que se passèrent nos amours à Venise. Louis dépensa encore une redingote avec Vicenza ce qui réduisit à douze le nombre de ces boyaux neutralisateurs. Quelques jours auparavant nous avions rencontré sur la place Saint-Marc un ruffian qui nous proposa des téguments en baudruche à quoi nous répondîmes que nous étions nous-mêmes des négociants en intestins de mouton et que le moindre con ferait mieux notre affaire. Cet animal nous promit que le soir il nous trouverait des étuis à pine, des moules à redingote, c'est-à-dire des putains idéales, genre migique, des Paul Véronèse, des Titiens découpés, dans les prix doux. Le soir il se mit en marche d'un pas affairé et mystérieux ; nous le suivîmes discrètement.

Il s'enfonce dans un dédale de ruelles inextricables, et dans des successions de coupe-gorges variés ; nous hâtons le pas et alors commence à travers les rues de Venise, qui ont deux pieds de large, une course échevelée à la manière de la patrouille turque de Decamps. Les basques de nos paletots volaient au vent, et notre casquette se retroussait par la rapidité de la marche, notre ombre avait peine à nous suivre sur les murs, et dessinait derrière nous la plus drôle silhouette du monde.

Jamais Zebecks ne coururent d'un tel train après leur pacha. Cela nous fatiguait beaucoup surtout à cause de l'horrible état où nous étions, nos pines sortaient par la ceinture comme des pommeaux de yatagan et nos testicules jouaient des cymbales dans le fond de nos culottes. Enfin le maquereau nous introduisit dans un cul... de sac au fond duquel se trouvait un abominable taudis garni d'une poupée plus ou moins à ressorts, une carconte première qualité en robe noire décolletée, la peau frottée avec une couenne en guise de cold-cream, usée, sucée, limée, une rosse sur ses boulets, qui, outre les cicatrices du bubon qu'elle pouvait avoir aux aines, montrait au cou quelques trous d'écrouelles. Quand je vis cette margot, je fis trois pas en arrière et m'excusai sur ce que nous étions deux, à quoi elle répondit que cela ne faisait rien, et que nous l'enquillerions en même temps, l'un par devant, l'autre par derrière. Cet arrangement ne nous ayant pas plu, le ruffian nous fit faire encore deux ou trois lieues dans des quartiers inimaginables, sonnant à des portes où des gens sortaient pour lui dire des injures, car nous voyant difficiles, il voulait nous introduire dans le sein des familles, et frappant au hasard, demandait une fille de bonne volonté qui voulut se faire fauberder le gin-gin, moyennant finances, par des forestiers anglais, cossus, quoique mal mis. Par un hasard extraordinaire toutes les Vénitiennes furent vertueuses ce soir-là, où ce qui est plus naturel, toutes étaient en train de foutre et n'ont pas voulu faire déconner leur amant pour se faire poisser le museau de tanche par de vils étrangers. Nous avons aussi rencontré un jeune peintre qui avait tiré soixante coups en quinze jours toujours avec des femmes nouvelles, sans se mettre la pine en papillottes dans du papier végétal et qui pourtant ne coulait pas encore.

Oh prodige. Notre Don Juanisme fut bien humilié par cette rapidité de conquêtes. Chez ce peintre je vis un très beau ciel et une superbe motte dont je vous envoie la description ci-jointe : on aurait pu s'entendre avec elle, mais quelques jours après nous apprîmes qu'elle était allée à Padoue, ce qui veut dire que le gouvernement l'avait déportée en terre ferme, la trouvant trop molle à la fesse ou trop folle à la messe pour rester dans une île. En bon français elle avait des fleurs vertes. Il y avait bien l'hôtesse de la maison, jeune gouge assez agréable, sauf un nez droit taillé dans le marbre d'une façon trop riche, mais elle était en gésine, et quelque entreprenant qu'on soit, on ne peut faire remonter un fœtus à coup de pine dans le con de sa maman, et il n'est pas drôle de sentir un môme faire la culbute sur le tremplin de votre gland. Nous aurions craint de nous écorcher la queue à quelque forceps oublié ou de rencontrer dans ce vagin des pattes de sage-femmes à l'ouvrage.

Je ne te cache pas, Présidente, que cette jeune accouchée parut nous trouver un peu grossiers et délicats de ne pas nous précipiter dans le torrent de ses vidanges, à travers ses placentas, arrière-faix et membranes amincies. Quoique âgée de vingt-deux ans à peine, elle avait dégueulé six moutards par sa bouche poilue. Ces six moutards étaient tous claqués ; les enfants ne vivent pas à Venise ; ces jeunes crevés s'appellent des avocats en ce qu'ils sont censés aller en paradis plaider la cause de leurs parents. A peine sur cinq ou six en survit-il un ; le reste est pour la casse.

Padoue est peuplée de belles filles qui viennent y faire un tour de casserolle à cause de l'Académie de médecine. Les repas y sont ainsi composés : mercure, copahu, cubèbe, salsepareille, nitrate d'argent et autres ingrédiens à la Charles Albert. On s'y mouche avec précaution de peur que le nez ne vous reste aux doigts ; il faudrait y baiser avec des redingotes en tôle galvanisée pour être sûr de son affaire. A l'auberge on nous a fait voir les commodités d'Ezzelin, tyran de Padoue, bien autrement féroce qu'Angelo. C'est là que la Catherina, détail omis par le lâche Hugo, s'évanouissait en foires pendant que son mari et la

Thisbé tenaient leurs conversations de croque-mort. Dans ces lieux il faut s'accroupir sous une barre de bois qui vous casse les reins quand vous vous relevez, ou se percher sur cette même barre qui tourne et vous précipite dans une mer de bran. La fusée de la Catherina, épanouie en soleil contre le mur, se distingue parfaitement à l'œil nu et mieux encore à l'œil habillé.

Florence contient une putain unique; elle demeure dans une famille honnête chez un tapissier. Vous entrez, vous demandez une table de nuit ou toute autre chose de ce genre d'un air fin et libidineux, et l'on comprend. Mais cette pauvre créature est si occupée qu'il faut se faire inscrire quinze jours à l'avance. Si elle se lavait elle mettrait l'Arno à sec, mais cela prendrait du temps. Il n'est accordé à chaque client que six mouvements en avant et six en arrière; ceux qui liment paient triple, suivant la longueur du culetage.

Il y a bien deux bouquetières très hardies et très provocantes, et qui semblent toujours prêtes à tomber sur le dos, mais la première a tiré une fois un coup pendant lequel elle a attrappé une vérole qu'elle a encore selon les uns, dont elle est guérie selon les autres, mais qui la rend plus farouche au montoir qu'une mule écorchée. La seconde est amoureuse d'un voleur qui la rend d'une vertu inexpugnable; quant aux femmes honnêtes, il est difficile de les bourriquer parce qu'elles ont toujours un cataplasme viril sur la motte.

Le mari, l'amant, le domestique se succèdent avec bien peu d'interruption, il faut attendre une vacance et se tenir au bord du con, sa racine à la main, pour la planter au moment où la place est vide, ce qui arrive rarement.

Il y a en outre à Florence un tas de tortues interlopes plus ou moins séparées de leurs maris, de gaupes scandales, de carcontes passées de modes, de lionnes sous la remise, de réputations détraquées, de matrices décrochées, de vagins à pessaires, de mouchards russes, de bas bleus anglais, de tribades douteuses, de pédérastes vagues où l'on pourrait loger son ver si l'on avait les gants de Balzac ; mais pour cela il faut tous les jours aller aux Cascines faire la conversation sur le marchepied des calèches, en costumes de première représentation des Bouffes, des gants blancs jusqu'au coude et des bottes vernies jusqu'au cul, une queue d'œil fixée dans l'urètre et une brochette à la boutonnière, le tout pour écouvillonner un vieux canon encrassé qui a tiré plus de trente mille coups... A Rome l'on folichonne l'as de trèfle aux petits abbés, mais les femmes ont une peur horrible des ratichons et des papegaux en serpillière qui leur fourrent leur goupillon au cul, en leur aspergeant l'intérieur du ventre du foutre de prêcheur, le plus coulant de tous, s'il faut en croire Beroalde de Verville. Toute putain doit être mariée sans cela on la flanque en prison, et les grimpeurs si ils sont pris paient trois cents francs d'amende. La seule industrie des Romains est d'épouser une belle fille qu'ils prostituent aux cardinaux et aux forestiers. Malgré cette apparence décente, il règne ici une vérole splendide américaine, aussi pure que du temps de François Ier. L'armée française toute entière est sur le flanc, les poulains éclatent dans les aines comme des obus, la chaude-pisse jaillit en jets purulents et rivalise avec les fontaines de la place Navone, des rhagades et des crètes de coq pendent en franges pourprées au derrière des sapeurs, sapés dans leurs fondements ; les tibias s'exfolient en exostoses, comme des co lonnes de vert antique dans une ruine romaine. Les constellations pustuleuses étoilent les deltoïdes de l'état-major, et l'on voit se promener par les rues des lieutenants tachetés et mouchetés comme des léopards, par des roséoles, des éphélides, des taches couleur de café, des excroissances verruqueuses, des fics cornés et cryptogamiques et autres accidents secondaires et tertiaires qui paraissent ici au bout de quinze jours. Vous voyez les colonels, et même les simples soldats marcher en compas, les jambes écarquillées, ayant pour hernies des monstrueuses chaudes-pisses tombées dans les bourses. On dirait des voleurs de potirons qui auraient caché leur vol dans leur pantalon. Aucun vit n'est droit. Ils se recourbent tous en replis tortueux comme le serpent de mer de M. Jean Racine, ou comme le navet qui sert de membre à cet âne de V. . . . . (âgé de trente-quatre ans).

Cinq cents pines sont restées sur le carreau et un millier d'hommes éclopés demandent les capucins pour invalides. Les Romaines nous ont blessé plus de monde que les Romains, c'est dommage, car elles sont outrageusement belles, d'une beauté lourde, compacte, massive, mais incontestable. Elles sont énormes et semblent descendues des piédestaux du Musée. Vingt enfants, tiendraient à la foisdans leurs flancs robustes, il faudrait des corsages de fer pour contenir leurs gorges orgueilleuses.

L'histoire de la mère de Beatrix Cenci à qui l'on ne pouvait couper la tête parce que ses tetons gros comme des bombes l'empêchaient d'appuyer son cou sur le billot, et qui m'avait toujours paru singulière, se comprend parfaitement ici, ce n'est pas la grande tétasse avalée et brimballante de Rubens, le grand baquet de colle à la flamande qui tremble à chaque mouvement, le Niagara de viande qui ruisselle du haut de la poitrine sur les montagnes du ventre, et dans les vallées du pubis, comme on voit dans les bacchanales de Jordaens : Ce sont deux nouveaux mondes que l'on porte devant soi, un second cul appliqué sur l'estomac, deux immenses terrines vues du côté bombé, un capitole et un palatin de chair humaine. L'autre soir nous avons été visiter une jeune beauté qui après quelques façons, et s'être assurée que nous n'étions pas des mouchards, a oté sa robe et s'est décerclée pour nous permettre de patiner ses charmes a cru. La gorge a fait explosion dans la chambre, défoncé le plancher, débordé dans la via Condotti, roulé par le Corso jusqu'à la place de Venise, et nous a laissés ensevelis sous un déluge de lys et de roses (style Dupaty).

Louis écrasé sous la chute de cette double montagne de Goldam, et pris entre ces globes aussi gros que les ballons de Green, lança une glaire argentée dans l'étroit ravin, où il marqua sa place comme un escargot sur une feuille de vigne, et moi je m'esquivai pour faire son épitaphe s'il restait enterré sous cet éboulement. Il pense de cette façon n'avoir pas attrapé la vérole, mais il n'est pas sans inquiétude sur la gale. Cependant aucun acarus ne s'est encore produit le long de son muscle caverneux. On vient de nous donner l'adresse d'une femme mariée, rue des Quatre-Fontaines, 48, près de l'obélisque de Monte-Cavallo, pine de granit qui lui sert d'enseigne. Elle demeure au premier piano (ce mot n'a aucun rapport avec Erard et signifie étage), et s'appelle Nana.

Son mari sort tous les jours de midi à trois heures et alors les forestiers arrivent, et Nana qui est dit-on la plus belle femme de Rome, se met nue comme un plat d'argent, un mur d'église, un discours d'académicien et montre son cul à la société qui est libre de la retourner. Ce coup plastique coûte de 5 à 10 francs, selon que l'on se contente de regarder où que l'on consomme réellement. Le mari rentre à trois heures; la Nana remet sa chemise, et vague aux soins du ménage en femme honnête. Cette aimable industrie a procuré au marlou une maison et quelques rentes. Nous l'irons voir et je vous en donnerai une description détaillée.

On nous parle de Naples et d'une certaine Via Capuana qui n'est qu'un bordel d'une lieue de long. Mais n'anticipons pas sur les ordures et gardons quelques porqueries pour la bonne bouche. Pardonnez-moi chère présidente cette interminable lettre et sachez-moi gré des efforts, que j'ai fait pour ne pas blesser votre pudeur. J'espère dans ces sujets indélicats, n'avoir jamais oublié que le latin dans les mots brave l'honnêteté, mais que la lectrice française ne veut pas être respectée. Bientôt, je pourrai reprendre au banquet dominical ma place et laisser la plume pour la langue (Oh que n'est-elle fourée.) Je ne serai pas difficile sur le choix du trou. Le cochon imaginaire ou le salop sans le savoir.

Présentez mes indécences les plus érectiles à Mlle Bebé bouh! euh! et mes condoléances à la moëlle épinière de Fernand mielliteux au 3me degré. Si ce papier n'ètait pas si frivole et si torcheculatif, je vous prierai de présenter mes saluts affectueux à Alfred, mais je n'ose déposer mes hommages le long de ce mur.

THÉOPHILE G.....

ACHEVÉ D'IMPRIMER

à très petit nombre

POUR QUELQUES CURIEUX SEULEMENT

Au Château de la Misère

l'An

10008008010

www.ingramcontent.com/pod-product-compliance
Ingram Content Group UK Ltd.
Pitfield, Milton Keynes, MK11 3LW, UK
UKHW032009260826
14628UKWH00005B/2374

9 782013 057622